BEI GRIN MACHT SICH IHR WISSEN BEZAHLT

AF167066

- Wir veröffentlichen Ihre Hausarbeit, Bachelor- und Masterarbeit

- Ihr eigenes eBook und Buch - weltweit in allen wichtigen Shops

- Verdienen Sie an jedem Verkauf

Jetzt bei www.GRIN.com hochladen und kostenlos publizieren

Einsatz von Methoden und Instrumenten im Projektmanagement

Natalie Witt

Bibliografische Information der Deutschen Nationalbibliothek:

Die Deutsche Nationalbibliothek verzeichnet diese Publikation in der Deutschen Nationalbibliografie; detaillierte bibliografische Daten sind im Internet über http://dnb.d-nb.de abrufbar.

ISBN: 9783346714848
Dieses Buch ist auch als E-Book erhältlich.

Assignment: SWE24 Grundlagen objektorientierte Softwareentwicklung

Einzelarbeit: Einsatz von Methoden und Instrumenten im Projektmanagement

Inhaltsverzeichnis

Abbildungsverzeichnis

Abkürzungsverzeichnis

BaFin   Bundesanstalt für Finanzdienstleistungsaufsicht Unternehmen

1. Einleitung

1.1. Ausgangssituation

In dem heutigen Arbeitsalltag nimmt das Projektmanagement eine immer wichtigere Rolle ein. Das Project Management Institute hat in einer Analyse veröffentlicht, dass die weltweite Nachfrage der Projektmanagementexperten bis zum Jahr 2027 auf 87.7Millionen steigen wird. [1]

Da jedoch die Planung, Durchführung und Kontrolle eines Projektes sehr komplex sind, gibt es die Möglichkeit verschiedene Instrumente, Methoden und Aufgaben des personellen und funktionellen Projektmanagements einzusetzen.

1.2. Ziel und Aufbau der Arbeit

Das Ziel dieser Arbeit ist es, die Fragen in einem Softwareentwicklungsprojekt, basierend auf den Instrumenten, Methoden und Aufgaben des personellen und funktionellen Projektmanagements, zu beantworten.

Dadurch ist es möglich die Ressourcen zu planen, das benötigte Budget anzufordern, Kontrollmaßnahmen zu initiieren oder auch den Terminplan inkl. angepeiltem Projekt-Ende an den Auftraggeber zu kommunizieren.

Als Basis erfolgt eine Darlegung der theoretischen Grundlagen, in welchen auf den Begriff Softwareentwicklung eingegangen wird, ebenso wie auf das Projektmanagement, weiter untergliedert in das personelle und funktionelle Projektmanagement. Daraufhin wird im Kapitel 3 auf die einzelnen Fragen eingegangen und die Beantwortung erfolgt mit Hilfe der Beschreibung eines/r passenden Instruments, Methode oder Aufgabe. Abschließend endet diese Arbeit mit einer kurzen Zusammenfassung und einer kritischen Würdigung.

2. Theoretische Grundlagen

2.1. Softwareentwicklung

In der Fachliteratur ist keine eindeutige Definition für den Begriff Softwareentwicklung zu finden, wenngleich gerne alternative Begrifflichkeiten wie Systementwicklung oder Software Engineering verwendet werden. Diese gelten jedoch lediglich als ähnlich und werden nicht als Synonyme verwendet.[2] Der Begriff Softwareentwicklung setzt sich aus zwei Wörtern

---

[1] Vgl. o.V. (2020), www.ipma.world

[2] Vgl. Friedrich; Matheis (o.J.), S.8

zusammen, Software und Entwicklung. Zum Verständnis des Wortes Software wird ein Computer herangezogen, der in zwei Hauptkomponenten aufgeteilt werden kann, die Hardware und Software. Während Ersteres dem physischen Part, wie der Festplatte oder dem Prozessor, zuzuordnen ist, handelt es sich bei der Software um einen Sammelbegriff, der Folgendes beinhaltet: Summe aller Programme inklusive der dazugehörigen Daten und der jeweils erforderlichen Dokumentationen.[3] Somit ist der Begriff Softwareentwicklung namensgebend als reine Entwicklung der Software zu verstehen, was den Prozess von der Planung bis zu dem finalen Produkt beschreibt.[4]

2.2. Projektmanagement

Nach dem Deutschen Institut für Normung - Nummer 69901 - wird ein Projekt als Vorhaben definiert, wessen Bedingungen im Gesamten als einmalig gelten, ein spezifisches Ziel verfolgen und einen zeitlichen Ablaufplan mit fixiertem Fertigstellungsdatum beinhalten. [5] Wird der Begriff Projekt nun mit dem Wort Management erweitert, dann entspricht dies dem Planen und Organisieren von Prozessen innerhalb des gewählten Zeitrahmens mit den festgelegten Ressourcen personeller und finanzieller Art, welche zur Erfüllung des Projekts notwendig sind.[6] Somit wird das Projektmanagement wie folgt definiert: „Projektmanagement ist die Gesamtheit von Führungsaufgaben, -organisation, -techniken und -mitteln für die Initialisierung, Definition, Planung, Steuerung und den Abschluss von Projekten." [7]

2.2.1. Personelles Projektmanagement

Ein wichtiger Bestandteil ist das personelle Projektmanagement, welches die Auswahl und Führung geeigneter Mitarbeiter beinhaltet. Hierunter fällt auch die Festlegung und Zusammenstellung des Projektteams unter einer qualifizierten Projektleitung.[8] Vor allem psychologische Aspekte fließen in die Entscheidungsfindung mit ein, anhand welcher die Spielregeln festgelegt werden. Diese beinhalten unter anderem die folgenden Punkte: Führungsstile, Moderationsarten, Motivation, aber auch die Qualifikation, Aufgabenverteilung und Größe des Teams.[9]

Neben dem Auftraggeber setzt sich ein Projekt aus einem Lenkungsausschuss bzw.

---

[3] Vgl. Lassmann (2006), S.128
[4] Vgl. Friedrich; Matheis (o.J.), S.8
[5] Vgl. Weber (2021), S.4
[6] Vgl. Kessler; Winkelhofer (2004), S.10
[7] Weber (2021), S.4
[8] Vgl. Friedrich (o.J.), S33
[9] Vgl. Känel (2020), S.67

Projektkoordinator, dem Projektteam und einem Projektleiter zusammen. Der Auftraggeber legt das Ziel des Projektes fest, ebenso wie die finanziellen Ressourcen.[10] Zudem ist der Auftraggeber bei Hindernissen in der Projektrealisierung der vorrangige Ansprechpartner für den Projektleiter, der wiederum die Verantwortung für den Projektprozess trägt und die Arbeit des Teams leitet und überwacht. Der Überblick über alle Projekt Entscheidungsprozesse ist für den Projektleiter essenziell und das sowohl auf Team-Ebene als auch bei dem Auftraggeber.[11]

Bei der Koordination- und Entscheidungsfindung, als generelle Steuerung und Lenkung, wird bei einem internen Projekt ein Lenkungsausschuss zusammengestellt und bei einem externen Projekt übernimmt dies der Projektkoordinator oder auch Projektmanager.[12] Externe Berater und wichtige Stakeholder können Teil eines Lenkungsausschusses sein.

Die im Projektteam vereinten Spezialisten aus verschiedenen Fachabteilungen tragen mit dem spezifischen Wissen zum Projekterfolg bei, indem Aufgaben erledigt und Lösungen erarbeitet werden.

2.2.2. Funktionelles Projektmanagement

Die Hauptaufgaben des funktionellen Projektmanagements gliedern sich in die Projektplanung, Überwachung und Kontrolle, sowie die Steuerung und Koordination des Projekts.[13] Dies bedeutet, dass das funktionelle Projektmanagement die zur Erfüllung der Projektziele erforderlichen Aufgaben bestimmt. Zudem wird die Reihenfolge der Aufgaben festgelegt und die Ressourcen werden zugeteilt.[14] Diese Aufgaben fließen ineinander über und werden bis zum Abschluss des Projektes in vielfacher Abfolge durchgeführt.[15] In Abbildung 1 ist der Regelkreis des funktionellen Projektmanagements dargestellt, in welcher der Projektabwicklungszyklus zu sehen ist.

---

[10] Vgl. Känel (2020), S.120
[11] Vgl. Känel (2020), S.120
[12] Vgl. Friedrich (o.J.), S28
[13] Vgl. Wieczorrek; Mertens (2011), S.133
[14] Vgl. Kreuzer (2013), S. 144
[15] Vgl. Wieczorrek; Mertens (2011), S.134

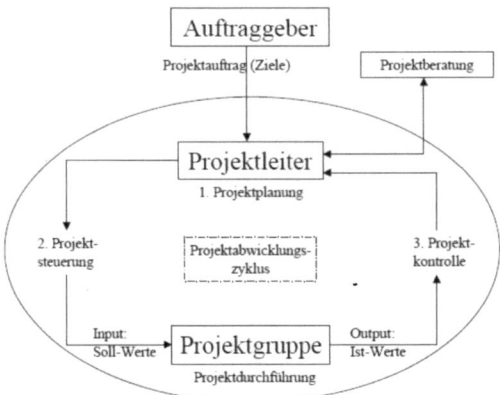

Abbildung 1: Regelkreis des funktionellen Projektmanagements[16]

Der Auftraggeber legt die Ziele fest und auf dieser Basis erstellt der Projektleiter – mittels der Unterstützung von Projektberatern – einen ersten Projektplan, der über die gesamte Projektdauer geprüft und angepasst werden muss. Mithilfe passender Steuerungsmethoden sollen die Vorgaben bzw. Soll- Werte durch die Projektgruppe durchgeführt werden. Die fertiggestellten Lösungen, hier Ist-Werte, werden mit den Soll-Werten gegenübergestellt und kontrolliert. Sollte es Abweichungen geben, die behoben werden müssen, dann erfolgt dies mittels eines angepassten Projektplans im nächsten Projektabwicklungszyklus.[17]

3. Fragen in einem Softwareentwicklungsprojekt

Nachdem die theoretische Grundlage für die wesentlichen Fragen in Kapitel 2 in einem Softwareentwicklungsprojekts dargelegt werden, wird im Folgenden, basierend auf dem personellen und funktionellen Projektmanagements, auf die einzelnen Fragen eingegangen. Die Fragestellungen „Wer macht was?“ und „Wer arbeitet mit wem?“ werden in dem Kapitel 3.2. zusammengefasst und sind dem personellen Projektmanagement zuzuordnen, wobei die restlichen Fragen auf Grundlage des funktionellen Projektmanagements erläutert werden.

Die Fragen werden unter der Prämisse erarbeitet, dass in einem Finanzinstitut ein neues Programm initiiert werden soll, welches die Jahresabschlüsse der Kunden analysiert und auswertet.

---

[16] Vgl. Bruno (2001), S. 198
[17] Vgl. Wieczorrek; Mertens (2011), S.135

4

3.1. Was ist zu machen?

Infolge des internen Vorstand-Beschlusses wird der Projektauftrag inklusive der Ziele bekannt gegeben. Daraufhin kommt ein Projektstrukturplan zum Einsatz, der die Aufgaben sammelt, hierarchisch ordnet und meist grafisch darstellt.[18]

Wie in der Abbildung 2 zu sehen, erfolgt dies mittels einer Aufgliederung in:

- Abgrenzbare Teile oder auch Teilprojekte genannt, die zwar einer isolierten Planung und Steuerung unterliegen, jedoch strukturell zu dem Gesamtprojekt gehören.[19]
- Abgrenzbare Teilaufgaben, die aufgrund der weiteren möglichen Aufgliederung besser steuerbar und kontrollierbar sind.
- Einzelne Arbeitspakete, die auf der untersten Ebene der Projektstrukturplans zu finden sind und einer definierten Aufgabe zuzuordnen sind. Arbeitspakete sind nicht mehr zerlegbar, da sie geplanter Weise zu einem einzigen vorgegebenen Ergebnis führen sollen.[20] Im Ablaufplan – siehe Kapitel 3.4. – wäre eine Unterteilung in einzelne Vorgänge denkbar.

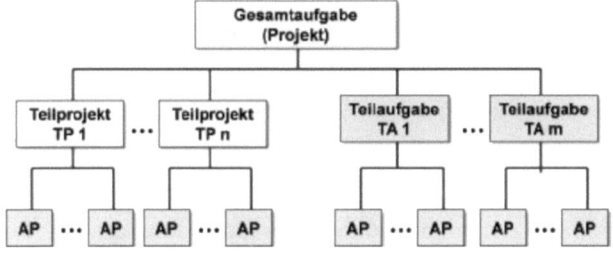

Abbildung 2: Beispiel Projektstrukturplan[21]

3.2. Wer macht was und wer arbeitet mit wem?

Arbeitspakete können bestenfalls einzelnen Personen oder auch Organisationseinheiten zugeordnet werden und dies sollte in einer To-Do- Liste, oder auch Aufgaben-Liste genannt, festgehalten werden. Hier werden neben den Aufgaben auch die Beschreibung der zu erbringenden Leistung, die jeweiligen Projekt-Mitarbeiter des Finanzinstituts und die Termine dargestellt.[22] Dadurch kann jederzeit der aktuelle Stand der Arbeitspakete erfragt und

---

[18] Vgl. Wieczorrek; Mertens (2011), S.140
[19] Vgl. Känel (2020), S.166
[20] Vgl. Weber (2021), S.24
[21] Vgl. GPM – Projektmanagement-Fachmann (2004), o.S.
[22] Vgl. Alam, Gühl (2020), S.207

kontrolliert werden. Je spezifischer diese Liste gepflegt wird, desto weniger Diskussionen und Reibungsverluste entstehen. Die ideale To-Do-Liste würde die Fragestellung „Wer macht was mit wem und bis wann" beantworten – siehe Abbildung 3.

Was?	Wer?	Bis wann?	Erledigt
Aufgabe 1	Mitarbeiter v	dd.mm.yy	✓
Aufgabe 2	Mitarbeiter w	dd.mm.yy	
Aufgabe 3	Mitarbeiter x	dd.mm.yy	
...	...	...	

Abbildung 3: Beispiel To-Do-Liste[23]

Zwar wurde in dieser Abbildung beispielhaft nur ein Mitarbeiter aufgeführt, denkbar ist jedoch auch, dass in der To-Do-Liste direkt alle verantwortlichen Mitarbeiter bzw. Organisationseinheiten aufgezählt werden. Somit ist klar ersichtlich welche Mitarbeiter und Einheiten sich abstimmen müssen und miteinander arbeiten.

3.3. Wann ist was fertig?

Obgleich in der To-Do-Liste schon gekennzeichnet ist, bis wann die Aufgabe bearbeitet sein muss und ob diese eventuell auch schon fertig gestellt ist, wird die Terminplanung zusätzlich in einem Ablaufplan festgehalten. Anhand des Projektstrukturplans werden die einzelnen Arbeitspakete identifiziert und in einer zeitlichen Reihenfolge eingeordnet. Der Sinn einer Ablaufplanung ist es, von den Projektmitarbeitern eindeutige Aussagen bezüglich der zu erbringenden Leistung mit den dazugehörigen Schnittstellen zu erhalten. Dies wird dokumentiert und bildet die Grundlage für die zeitliche Planung des Projekts, sowie die Koordination des Prozesses. [24] Es gibt einige verschiedene Möglichkeiten einen Ablaufplan zu gestalten, wie u.a. ein Balkendiagramm, eine Netzplantechnik, der kritische Pfad, agile Projektmanagement Methoden wie z.B. Scrum oder auch die Meilensteintechnik. In dem Entwicklungsprojekt der Finanz-Analyse-Software wird ein Terminplan erstellt, welcher die zeitliche Anordnung der Arbeitspakete mittels des kritischen Pfades grafisch wiedergibt – siehe Abbildung 4.

---

[23] Vgl. Leyendecker, Pötters (2022) S.27
[24] Vgl. Känel (2020), S.176

6

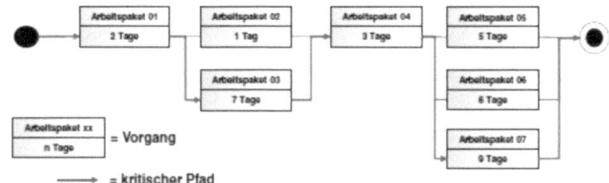

Abbildung 4: Beispiel kritischer Pfad [25]

In Absprache mit den verantwortlichen Arbeitspaket Mitarbeitern erstellt der Projektleiter eine Zeitleiste, die jeweils durch ein Start- und Enddatum gekennzeichnet ist. Im nächsten Schritt werden die festgelegten Start- und Endzeiten mit Meilensteinen verknüpft, die die Realisierung von Zwischenzielen symbolisieren.[26] Ein Meilenstein setzt sich aus einem Termin und den erwarteten und überprüfbaren Ergebnissen zusammen und beinhaltet das Projektstartdatum, die jeweiligen Meilensteintermine und das Projektenddatum. Die Ausrichtung der Meilensteine erfolgt mittels bestimmter Termine, wie Testvorführungen des Analyseprogramms oder des geplanten Go-Live-Termins. Zudem wird in Abstimmung mit dem Auftraggeber – in diesem Fall der Vorstand – ein Phasenplan anhand der erfassten Endtermine der jeweiligen Arbeitspakete zusammengestellt, was danach in Meilensteine hineinfließt. Es wird empfohlen sich auf acht bis zehn Meilensteine zu begrenzen, welche jeweils folgende Schritte beinhalten: Planen, Durchführen, Review und Abschließen.[27]

In der Abbildung 5 ist ein Beispiel für einen Meilensteinplan zu sehen:

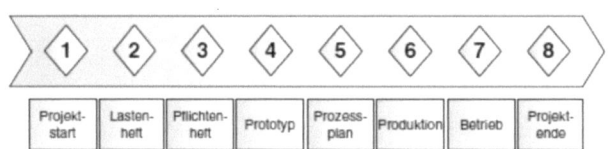

Abbildung 5: Beispiel Meilensteinplan[28]

3.4. Wie viele Ressourcen müssen wofür zur Verfügung stehen?

In dem Finanz-Software Projekt müssen im nächsten Schritt die personellen und Sachmittel Ressourcen geplant werden, indem den einzelnen Arbeitspaketen Ressourcen zugeordnet und die optimale Zeitdauer eruiert wird.[29] Zudem muss eingeschätzt werden, welche Ressourcen

---

[25] Vgl. Alam, Gühl (2020), S.95
[26] Vgl. Alam, Gühl (2020), S.95
[27] Vgl. Alam, Gühl (2020), S.96
[28] Vgl. Alam, Gühl (2020), S.96
[29] Vgl. Wieczorrek; Mertens (2011), S.145

mehrfach oder lediglich einfach einsetzbar sind, sodass diese nach Art, Menge und Zeitdauer den einzelnen Arbeitspaketen vorausschauend zugeordnet werden können.[30] Als Basis der Einsatzmittelplanung gilt die Ablaufplanung und eine Aufwandsschätzung. Für letzteres wird eine Tabelle mit insgesamt acht Spalten erstellt:

Numme r	Arbeitspake t	Verantwortlich e Mitarbeiter	Benötigte Qualifikatio n	Aufwan d in Stunden	Benötigte Sachmitte l	Startdatu m	Enddatu m

Tabelle 1: Beispiel Aufwandschätzung[31]

Hier wird für alle Arbeitspakete aus dem Projektstrukturplan der Aufwand geschätzt und danach in einem Koordinatensystem visualisiert. Die horizontale Achse zeigt die geplante Zeit und die vertikale Achse symbolisiert den Aufwand. Anhand der Eintragung aller Arbeitspakte kann eine Einsatzmittelganglinie – die rote Linie in Abbildung 6 – eingezeichnet werden. Nach Eintragung der vorhandenen Kapazität und der ermittelten Nachfrage, kann schon im Vorhinein eine mögliche Korrelation, d.h. Überlastungssituation, ersichtlich sein und dementsprechend gehandelt werden.

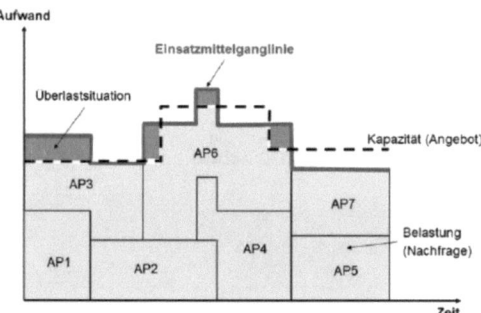

Abbildung 6: Beispiel Einsatzmittelganglinie[32]

3.5. Wie viel kostet was?

Unter Berücksichtigung der Aufwandschätzung, Einsatzmittelplanung und des Ablaufplans, wird nun für das Finanz-Projekt eine Kostenplanung vorgenommen. „Ziel der Kostenplanung ist es, zu ermitteln, welche Kosten in der zu planenden einzelnen Phase, dem Teilprojekt bzw. dem Projekt zu erwarten sind, und diese zu optimieren.“[33] Dadurch können die Gesamtkosten

---

[30] Vgl. Känel (2020), S.203
[31] Vgl. Weber (2021), S.27
[32] Vgl. Weber (2021), S.28
[33] Wieczorrek; Mertens (2011), S.148

des Projekts ermittelt werden und dementsprechend ein Vergleich mit dem zugeteilten Gesamtbudget erfolgen. Für das im Nachgang stattfindende Projekt- bzw. Kostencontrolling bildet die Kostenplanung die Grundlage. Zudem kann eine Unterteilung der Kosten nach der Art der Verursachung, z.b. Personalkosten oder Sachmittelkosten, oder nach dem Ort des Entstehens, z.b. interne Kosten oder durch Inanspruchnahme externe Berater, entspricht externen Kosten, erfolgen.[34] Außerdem fallen auch Gemeinkosten an, wie Strom- oder Wasserkosten.

Auf Basis der Ressourcenplanung der einzelnen Arbeitspakete werden die Projektkosten wie folgt ermittelt:

$$\text{„Kosten = Ressourcenmenge x Preis bzw. Kostensatz"}^{35}$$

Im Anschluss werden die Kosten in einen Kostenplan übernommen, welcher in dem Finanz-Software-Projekt auf einer zeitlichen Planung fundiert – siehe Abbildung 7.

Kostenart	1. Quartal	2. Quartal	3. Quartal	4. Quartal	Gesamt
	In 1000 €				
Personal	20	35	55	25	135
Betriebsmittel	15	10	30	0	55
Material	0	90	60	45	195
Sonstiges	0	30	10	20	60
Gemeinkosten	2	18	5	8	33
Summe	37	183	160	98	**478**

Abbildung 7: Beispiel Kostenplan[36]

3.6. Wer hält welches Budget und welche Termine nicht ein?

Aufgrund der Größe des Finanz-Projekts wird zusätzlich eine Finanzplanung vorgenommen, sodass zum einen der gesamte Finanzbedarf, entspricht dem Budget, und zum anderen der temporäre Finanzbedarf, mittels der Differenz der Einzahlungen und den tatsächlichen Auszahlungen, ermittelt wird.[37] Dies kann zeitlich aufgespalten werden, sodass eine monatliche oder vierteljährige Darstellung sinnvoll ist. Zudem erfolgen des Öfteren Vorschusszahlungen oder die Bezahlung wird erst bei Übergabe des fertiggestellten Projektes getätigt. Der Finanzplan erleichtert die Projektkontrolle mit Hilfe eines regelmäßigen Soll-Ist-Vergleichs, indem das eingangs zugewiesenen Budgets an die einzelnen Arbeitspakete mit den tatsächlichen Kosten verglichen wird. Aufgrund der detaillierten To-Do-Liste kann eine mögliche Abweichung dem jeweiligen Arbeitspaket zugeordnet werden und die

---

[34] Vgl. Känel (2020), S.216
[35] Vgl. Holzbauer; Bühr; Dorrer; Kropp; Walter-Barthle; Wenzel (2017), S.160
[36] Vgl. Holzbauer; Bühr; Dorrer; Kropp; Walter-Barthle; Wenzel (2017), S.161
[37] Vgl. Holzbauer; Bühr; Dorrer; Kropp; Walter-Barthle; Wenzel (2017), S.161

Verantwortlichen herangezogen werden. Eine Dokumentation der Budgetabweichung ist über die Ampellogik denkbar, in welcher der Status anhand eigens festgelegter Prozentzahlen z.B. Budget zu 95% ausgereicht = rot / Eingreifen nötig, dargelegt wird.

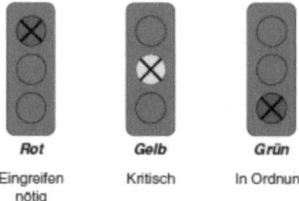

Abbildung 8: Beispiel Ampellogik[38]

Um einen Überblick über die Termineinhaltungen zu gewährleisten, empfiehlt sich das Einholen von regelmäßigen Status – bzw. Zwischenberichten. Dadurch fallen Diskrepanzen schneller auf und es kann rechtzeitig gehandelt werden. Außerdem wird in diesem Finanz-Software-Projekt ein Meilensteinplan aufgesetzt, sodass in einem stetigen Meilenstein Review der aktuelle Terminstatus präsentiert wird. Im Vorhinein zu jedem Review werden die entsprechenden Arbeitspaket- Verantwortlichen um eine Aufbereitung der Arbeitsergebnisse gebeten, welche im Zuge dessen mit dem Soll-Stand verglichen werden. Identifizierte Abweichungen werden protokolliert und Nacharbeiten oder Konsequenzen können die Folge sein. [39] Auch hier kann entsprechend dem Erfüllungsgrad der Arbeitspakete die Ampellogik angewandt werden.

3.7. Was wurde erreicht, was wurde nicht erreicht? Was ist zusätzlich zu tun?

Die Projektkontrolle geschieht durch eine Abweichungsanalyse, in welcher es zu einer Gegenüberstellung der Plan/Ist-Leistungen kommt und diese bewertet werden. Nach Erfassung der Soll- und Ist-Werte kristallisieren sich Abweichungen heraus, von denen die Ursachen herausgefunden werden müssen, damit Maßnahmen ergriffen und eine Behebung der Ursache stattfinden kann. Mit Hilfe einer Ursachenanalyse werden die folgenden Punkte näher betrachtet:

- Planungsfehler - z.B. falsche Aufwandsschätzungen oder Übersehen von Risiken
- Fehler während der Bearbeitung - z.B. IT-Probleme oder Konflikte im Projektteam
- Anpassung der Rahmenbedingungen - z.B. Lieferkettenprobleme oder Ausfall der

---

[38] Vgl. Alam, Gühl (2020), S.117
[39] Vgl. Alam, Gühl (2020), S.116

Maschinen[40]

Zudem geschieht eine Einschätzung, ob es sich um vermeidbare Ursachen, also Planungsfehler und Fehler während der Bearbeitung, oder um nicht vermeidbare Abweichungen, wie Lieferkettenprobleme oder auch Krankheiten handelt.[41]

Sobald die Ursachen identifiziert wurden, kann die Planung der Maßnahmen auch direkt in der Abweichungsanalyse erfolgen, mit der Frage, ob die Soll-Vorgaben überhaupt noch erfüllt werden können und wenn ja mit welchen Maßnahmen. Hier stehen vor allem die Steuerungsmaßnahmen Leistung, Kosten und Termine als zentrale Projektzielgrößen im Fokus.[42]

Maßnahmen im Rahmen des Projektdreiecks wären z.b. Terminanpassungen, Erhöhung der Personalressourcen oder die Anpassungen der Ergebnisniveaus.

3.8. Welche Normen, Auflagen und Anforderungen wurden wie erfüllt?

Sobald die To-Do-Liste (Kapitel 3.2.) erstellt und die verantwortlichen Mitarbeiter mit dem jeweiligen Aufgabenbereich vertraut gemacht wurden, sollte eine separate Liste mit den jeweiligen Normen, Auflagen und Anforderungen erstellt werden. Es gibt viele Faktoren, die diese Liste mitbeeinflussen, wie interne und externe Auflagen, in diesem speziellen Finanz-Software-Projekt sowohl gesetzliche Auflagen als auch Auflagen von der BaFin. Bezüglich der Normen muss eine Prüfung der Normvorgaben des Deutschen Institus für Normung zum Thema Projektmanagement dargelegt und aufgelistet werden. Zusätzlich müssen sich die Stakeholder über die gestellten Anforderungen an das Endprodukt abstimmen, damit das System eine Arbeitserleichterung und -verbesserung zur Folge hat. Es sollte in regelmäßigen Abständen in einem Statusbericht über den aktuellen Ist-Stand der drei Aspekte informiert werden und auf kritische Punkte speziell hingewiesen werden. Vor allem die gesetzlichen Vorgaben, ebenso wie die regulatorischen Auflagen der BaFin, müssen sensibel beachtet werden, da hier Abweichungen zu starken Konsequenzen führen können. Abweichungen der Faktoren sollten vor Ende des Projektes, mittels stetiger Soll / Ist Vergleichen, bereinigt werden, sodass einer Gesamtabnahme des Projektes dann nichts mehr im Weg steht.

---

[40] Vgl. Holzbauer; Bühr; Dorrer; Kropp; Walter-Barthle; Wenzel (2017), S.169
[41] Vgl. Burghardt (2013), S. 295 f.
[42] Vgl. Holzbauer; Bühr; Dorrer; Kropp; Walter-Barthle; Wenzel (2017), S.170

3. Schluss

3.1. Zusammenfassung

Bei der Softwareentwicklung handelt es sich um den gesamten Prozess, beginnend mit der Planung bis zur Fertigstellung des Produkts. Das Projektmanagement betitelt das Planen und Koordinieren des Prozesses bis zur Gesamtabnahme des Projekts und kann in das personelle und funktionelle Projektmanagement unterteilt werden. Während sich das personelle Projektmanagement mit den involvierten Mitarbeitern und dem personellen Aufbau des Projektes beschäftigt, werden beim funktionellen Projektmanagement die folgenden Faktoren thematisiert: Planung, Überwachung und Kontrolle, Steuerung und Koordination des Projekts. Auf dieser Basis und mit Hilfe von beschriebenen Instrumenten, Methoden und Aufgaben, werden Fragen zu einem Finanz-Software-Projekt beantwortet, welche zu einem erfolgreichen Projektabschluss führen. Näher erläutert wurden: der Projektstrukturplan, die To-Do-Liste, der Ablaufplan mittels des kritischen Pfades und einem Meilensteinplan, die Aufwandsschätzung, das Einsatzmittelganglinie, der Projektkostenplan und die Abweichungsanalyse.

3.2. Fazit und kritische Würdigung

Im Zuge dieser Arbeit wurden die Phasen des Projektmanagements anhand der Beantwortung der Fragen thematisiert. Jedoch kann es sein, dass die eingesetzten Instrumente, Methoden und Aufgaben je nach Projekt und des Projektmanagementansatzes variieren können, z.b. bei dem agilen Managementansatz Scrum. Demnach wurden im Rahmen dieser Arbeit die Fragen beantwortet und im Hinblick auf den Projektansatz des Finanz-Software-Projektes angewendet. Aufgrund der eingeschränkten Bearbeitungsmöglichkeit wurde jedoch nicht auf z.B. die Entscheidungsvorbereitung, die verschiedenen möglichen Projektmanagementarten, Projektmarketing oder die detaillierte Projektorganisation eingegangen. Somit erfolgte ein grober Überblick über die verschiedenen Einsatzmöglichkeiten der Instrumente, Methoden und Aufgaben des personellen und funktionellen Projektmanagements.

Literaturverzeichnis

Alam, Daud, und Uwe Gühl (2020): Projektmanagement für die Praxis - Ein Leitfaden und Werkzeugkasten für erfolgreiche Projekte, 2. Auflage, Berlin

Burghardt, Manfred (2013): Einführung in Projektmanagement: Definition, Planung, Kontrolle
und Abschluss, 6. Auflage. Erlangen

Friedrich, Di. / Matheis, E. (o. J.): Einführung in die Systementwicklung. Stuttgart

Friedrich, Dieter (o.J.): Softwaremanagement. Stuttgart

Holzbaur, U. / Bühr, M./ Dorrer, D. / Kropp, A. / Walter-Barthle, E. / Wenzel, T. (2017): Leitfaden zum erfolgreichen Einsatz von Projekten in der innovativen Hochschullehre, Wiesbaden

Jenny, Bruno (2001): Projektmanagement in der Wirtschaftsinformatik, 5.Auflage, Zürich

Kessler, H. / Winkelhofer, G. (2004): Projektmanagement - Leitfaden zur Steuerung und Führung
von Projekten, 4. Auflage, Stuttgart

Lassmann, Wofgang (2006): Wirtschaftsinformatik - Nachschlagewerk für Studium und Praxis.
Wiesbaden

Leyendecker, B. / Pötters, P. (2022): Werkzeuge für das Projekt- und Prozessmanagement.
Wiesbaden

o.V. (2020): Home – IPMA International Project Management Association: Homepage (2020), URL https://www.ipma.world/. Zugriff 01.08.2020

o.V. (2004): GPM – Projektmanagement-Fachmann, Band 2, Abschnitt 3.1.3.

von Känel, Siegfried (2020): Projeke und Projektmanagement, Dresden

Weber, Matthias (2021): Fahrplan für Projektmanagemengt in sechs Schritten, Schorndorf:

Wieczorrek, H. W. / Mertens, P. (2011): Management von IT Projekten, 4.Auflage, Berlin